TRAITÉ

D'EXPLOITATION COMMERCIALE DES BOIS

(ANALYSE DU LIVRE DE M. MATHEY)

PAR

M. Ch. BROILLIARD

Extrait du *Bulletin de la Société forestière de Franche-Comté et Belfort*.
Nº 6, Juin 1906.

BESANÇON

TYPOGRAPHIE ET LITHOGRAPHIE JACQUIN

—

1906

TRAITÉ

D'EXPLOITATION COMMERCIALE DES BOIS [1]

Ce livre est vraiment un livre d'actualité. On désirait depuis long-temps un ouvrage qui fournisse au commerce les données les plus utiles sur l'exploitation et le débit des bois. Répondant à la demande qui lui en avait été adressée, M. Alphonse Mathey, inspecteur des eaux et forêts à Dijon, vient de livrer à la publicité le premier volume du *Traité d'exploitation commerciale des bois*. Il est permis de tenir aussi cet ouvrage comme un traité d'alliance entre le commerce des bois et l'administration des Eaux et Forêts. Ceci ressort en effet tant de la préface que du texte même du livre.

L'auteur est connu du public par des travaux déjà nombreux, dont plusieurs ont été couronnés par la Société forestière de Franche-Comté et Belfort. Il est surtout estimé par les personnes en rapport avec les forêts sur tous les points où il a travaillé en France et en Algérie. Son livre montre quelle somme de connaissances il a su y acquérir. Pour parfaire ce travail, il fallait un forestier doué de facultés très diverses ; les lecteurs verront qu'aucune d'elles ne manque à M. Mathey.

Il est difficile de donner une idée vraie de cet ouvrage, où se trouvent exposés une masse énorme de faits instructifs. Pour y arriver, il m'a paru nécessaire d'en citer quelques-uns avec le texte même de l'auteur. C'est principalement ce qu'on trouvera dans la notice suivante, que m'a demandée l'excellent secrétaire de la Société forestière.

— La première partie de l'ouvrage, son premier livre, nous initie à la connaissance du bois débité des diverses essences, aux propriétés,

---

(1) *Traité d'exploitation commerciale des bois*, par Alphonse Mathey, inspecteur des eaux et forêts. T. I : Constitution, Défauts et maladies des bois. Conservation, Emmagasinage et traitements préservatifs. Exploitation des bois, Transports. — Préface de M. Daubrée, directeur général des eaux et forêts. 377 figures, 8 planches en chromolithographie. Paris, L. Lavaur, 13, rue des Saints-Pères, 1906.

à la constitution et aux qualités du bois des arbres feuillus et résineux, indigènes et exotiques. Une trentaine de figures dessinées sur de bons échantillons montrent aux yeux les bois décrits et en font ressortir les caractères relatés dans le texte. Commerçants, industriels et hommes des métiers travaillant le bois seront nécessairement portés, par la vue de ces beaux dessins, à se procurer, comme ils y sont invités, une collection de morceaux bien taillés, en si petit nombre que ce soit, des bois qu'ils emploient ; elle leur permettra de constater et de toucher du doigt sur les sections transversale, radicale et tangentielle, la structure de chaque essence et d'en observer les qualités variées. Instruits par l'auteur, ils reconnaîtront facilement ces bois à l'œil nu.

Il y a là un enseignement pratique aussi utile en montrant l'intérieur des bois que la connaissance à vue des arbres vivants, chêne ou acacia, sapin ou pins et autres ; et il n'est pas sans procurer quelque satisfaction à qui voit nettement ce qu'il ignorait auparavant.

Les propriétés physiques, chimiques et mécaniques des bois sont relatées avec quantité de faits à l'appui et beaucoup d'indications précieuses. Ainsi, après l'étude du retrait : « Le seul moyen pratique d'éviter les déformations variées causées par le retrait, c'est de débiter les bois le plus tôt possible, aussitôt qu'ils ont éliminé leur eau, ou de conserver les grumes sous écorce, en attendant qu'on puisse les utiliser. Cette précaution est notamment indispensable pour les parties noueuses du tronc, comprises dans la couronne, et qui peuvent encore donner des sciages grossiers, mais d'épaisseur (membrures, planchers de bascule, etc.). Remisées dans un coin de l'usine, ces têtes passeront à la scierie au fur et à mesure des commandes. » Ainsi encore, au sujet du son : « Le bois sain est un bon conducteur du son ; il perd cette propriété en s'altérant. Appliquant l'oreille contre le fût et frappant sur ce dernier de légers coups avec le bout des doigts, on peut se rendre facilement compte de l'état des vieux arbres, en particulier des vieux chênes suspects. » Suivent les résultats de l'auscultation dans les différents cas.

La constitution et les qualités des bois, exposées dans les deux derniers chapitres, donnent également lieu à d'excellents déduits. On lit, au sujet des chênes nerveux, issus des taillis sous futaie en terrains d'alluvion, fertiles : « Leurs sciages, une fois étuvés et secs, sont sans rivaux comme durée et comme beauté. » Et, en ce qui a trait aux frênes : « Pratiquement, on reconnaît que les frênes sont bons pour le cintrage à leur écorce fine, à leur bois blanc ou légèrement flambé de noir au cœur, à leurs cernes larges et bien distincts, ce qui résulte de la présence d'une couche poreuse très accentuée, intercalée entre deux anneaux de bois d'automne, d'aspect gras et corné. »

— Le deuxième livre traite des défauts et des maladies des bois. Qui ne croit les connaître quelque peu et ne sera singulièrement édifié par la lecture de ce livre de cent pages ? S'agit-il simplement des nœuds, défauts les plus fréquents : « Dès qu'ils se montrent un peu nombreux et que leur diamètre dépasse 4 centimètres, les arbres deviennent impropres à la fente et au sciage; d'autre part, la courbure des pieds fait rejeter beaucoup d'arbres feuillus, de sorte que dans 100 mètres cubes d'arbres abandonnés à la hache, on trouve rarement plus de 30 à 35 mètres cubes satisfaisant pleinement aux conditions requises. Dans les bois résineux, c'est en grande partie sur la présence ou l'absence de nœuds qu'est basé le classement des sciages en catégories ou unités de vente. » L'exposé et l'analyse des défauts des bois, nœuds à divers états, fentes, gélivures, roulures, etc., que montrent les figures, ont donc une grande importance, ainsi que les mesures à prendre pour les éviter ou pour user des bois atteints.

On peut en dire autant des blessures, dont les plus dangereuses sont peut-être celles que produisent les élagages, toutes dessinées sur les arbres mêmes ou photographiées par l'auteur.

L'étude des maladies des bois, scrutées par un forestier émérite armé du microscope, est certainement la partie la plus originale de l'ouvrage. Étudiant à fond, dans leur nature, leurs manifestations et leurs effets, les nécroses, les caries, les pourritures si diverses des bois vivants, morts ou mis en œuvre, et reproduisant les malandres sur de superbes planches en couleur, l'auteur met sous les yeux des lecteurs toutes les altérations des bois. Le commerce, les forestiers et les consommateurs ont très grand intérêt à les connaître; jusqu'à présent ils n'avaient rien en France qui pût y suppléer.

Après le cœur rouge du chêne, du hêtre, la lunure des chênes, la carie des bois blancs, qui résultent de causes physiques, l'auteur arrive aux maladies parasitaires produites par des champignons. Une page suffit à rendre compte de la pourriture blanche du pied des chênes, due au polypore dryadée, champignon mollasse, et des dommages limités qu'elle occasionne. « Au point de vue technique et commercial, la pourriture blanche du pied est un vice de faible importance, spécialement lorsqu'il s'agit de *longs* chênes. Ce n'est qu'exceptionnellement et chez les très gros arbres entièrement caverneux qu'il faut ébouter jusqu'à 2 mètres pour arriver au bois sain. Habituellement, la partie inutilisable a de 0^{m}60 à 1^{m}50 de hauteur. Dans la pratique et dans les sols les plus exposés aux ravages de ce parasite (plaines à sous-sol imperméable), on se prémunira suffisamment contre les pertes en faisant une réduction de longueur de 1 mètre à toutes les catégories de grosseur. »

Les faits sont exposés ici sans appareil scientifique, et il en est de même pour les autres polypores, en consoles, qu'on voit fixés au tronc des chênes, des hêtres, frênes, bouleaux, sapins ou épicéas. Guidé par l'ouvrage, chacun peut se rendre un compte très net de l'action de ces parasites et des soins préventifs et consécutifs à donner aux bois. Avant tout, c'est d'éviter les blessures aux arbres, même les coups de marteau, et ensuite c'est de rejeter la partie altérée, dont la grandeur en haut et en bas est nettement indiquée, ou d'en réserver l'emploi aux usages qui l'admettent, toujours mentionnés.

La grisette et la pourriture sèche, en *tabac d'Espagne*, des bois feuillus, chênes et autres, sont admirablement traitées. Il en est de même, pour le sapin, de la pourriture rouge, *en pain d'épice*, si dangereuse, due au polypore fumant *(p. raporarius)*, et du rouge tendre, commun dans les sols marneux et dû au tramète des racines. « En huit ou dix ans, la pourriture *liège* de l'épicéa, causée par le premier de ces champignons, peut monter dans l'arbre jusqu'à 12 mètres de haut, en moyenne à 6 ou 8 mètres. Dans l'emploi, il suffit d'une flamme mycélienne pour que la maladie rayonnante et filante (comme le montrent les planches en couleur) se propage à l'intérieur des charpentes et les mine sourdement : on ne saurait donc apporter trop de soins à la découpe et à la réception des bois viciés. La moindre tache rousse existant à l'extrémité d'une poutre de sapin ou d'épicéa déjà affranchie doit être une cause de rebut. La propagation de ce parasite a lieu dans le sol par les racines ; ce fait montre, d'une part, combien est dangereuse l'élimination des feuillus dans les sapinières et, d'autre part, combien sont aléatoires les plantations d'épicéa dans un sol infecté par les germes de ce parasite. »

Les nœuds jaunes des arbres résineux, colorés par le tramète du pin, donnent aussi une pourriture très dangereuse. « Le tramète du pin exerce de très grands ravages : dans le Jura, sur le sapin et l'épicéa ; dans les Alpes de Savoie (Maurienne), où tous les épicéas élagués sont rouges ; dans les Cévennes, sur le pin sylvestre.

Lors des estimations, il faut avoir l'œil sur les branches brisées au ras du tronc et sur les plaies d'élagage. Si le nœud porte un champignon, s'il y a un *écoulement* sur le fût, si l'écorce est détachée autour du nœud et que le bois gris apparaisse, on peut être sûr de trouver la pourriture intérieure. Diminuer de 4 mètres en ce cas la hauteur du service. En guise de conclusion, répétons qu'il ne faut jamais élaguer les arbres résineux. »

Les pourritures noires, vertes, grises, etc., les écoulements, les chancres des différentes essences, les attaques des guis, les trous de pics et autres font tous l'objet d'une étude assurée et pratique. Il en est de même des arbres morts sur pied : « Ils ont perdu la plus grande partie de leurs qualités comme bois d'œuvre (ainsi que le montre la planche VIII). Il ne convient donc pas de faire sécher les bois sur pied avant de les abattre. »

Les notices sur la pourriture des bois abattus et le *Merulius lacrymans* résument clairement ce qu'il est utile de savoir à leur égard et constatent qu'il est toujours dangereux pour un entrepreneur (responsable) d'employer dans les constructions des bois ayant crû hors de leur station naturelle et présentant moins de 15 couches d'accroissement au décimètre couvert.

Les piqûres par les insectes, les trous de vers et vermoulures forment le dernier chapitre du livre, qui indique les soins à prendre pour s'en défendre. On comprend que ce second livre est aussi instructif que bien rempli.

— La conservation des bois et les traitements préservatifs sont étudiés dans le livre suivant, qui forme la troisième partie de l'ouvrage.

Le bois exploité n'est pas immédiatement utilisable en bonnes conditions. Il en est ainsi même du bois de feu. « Le bois de feu réalise les meilleures conditions d'emploi quand il a passé un été en forêt et un autre été dans un lieu sec et aéré. » Tel est le début de ce livre, qui relate et étudie les procédés naturels de conservation à l'air, en magasin et sous l'eau, puis les procédés artificiels par les enduits, le flambage, les substances antiseptiques, et donne les moyens de coloration artificielle des bois et ceux de séchage et d'étuvage, dès aujourd'hui si variés.

Ici tout est pratique et aussi clairement exposé que le permettent les substances et les mécanismes en usage. C'est d'abord le badigeonnage, avec un lait de chaux, pour prévenir les atteintes du *Merulius lacrymans*. C'est ensuite l'immersion dans les antiseptiques, « elle ne réussit bien que pour des bois secs et de faibles dimensions : échalas, étais, pavés » : puis, les procédés et mécanismes divers, décrits et appréciés, soit pour le sulfatage, le créosotage, la double injection, la sénilisation, l'ignifugeage, la coloration. A côté des poids, des mesures et des prix, les résultats pratiques sont toujours relatés. « A Amagne (Ardennes), la préparation des traverses à la créosote revient, pour le chêne, à 1 fr. 69, pour le hêtre à 3 fr. 21 (dont le sous-détail est donné) et les traverses créosotées durent, en chêne, environ 30 ans; en hêtre, de 25 à 30 ans. Comme le hêtre coûte en somme moins que le chêne, cette première essence est donc celle qui paraît le mieux appropriée au service des voies ferrées. »

Le séchage et l'étuvage des bois, procédés naturels et procédés artificiels, sont traités dans un article final très développé. « Avec le simple étuvage on peut obtenir en 4 ou 5 mois des bois aussi secs qu'après 2 ou 3 ans d'empilage en plein air. Aussi l'installation d'une étuve (malgré quelques points faibles de l'étuvage) est-elle le complément indispensable à l'outillage d'une scierie moderne.

« Quand on ne dispose pas d'un générateur pour fournir la vapeur nécessaire à l'étuvage, quand on veut conserver au bois sa couleur naturelle, amener au finissage certains articles de boissellerie fabriqués en bois frais, ou enfin obtenir la dessiccation progressive et complète de bois de prix, on fait usage de séchoirs. » Séchoirs à feu nu, à chauffage indirect, par ventilation, sont décrits et appréciés. « Le séchoir de M. Chapellier fonctionne sans aucune surveillance, réalisant toutes les conditions désirables de sécurité et de bon marché : il ne saurait donc être trop recommandé. »

Les bois séchés à l'air chaud ont une durée au moins aussi grande que ceux séchés à l'air libre, mais ils sont plus durs et plus cassants. Finalement le séchage à l'air libre est préférable à tous autres, quand il est possible de l'obtenir; mais il exige un temps très long, jusqu'à 8 ou 10 ans dans certains cas. » En climat frais ou humide, comme celui de la France moyenne, M. Le Normand, constructeur de navires en bois, déclarait que le chêne à préférer est celui qui a été oublié pendant 4 ou 5 ans sur le parterre d'une coupe, où il a perdu écorce et aubier, mais dont le bois parfait est sec à point.

— Connaissant le bois et les conditions de son emploi, nous arrivons à l'exploitation sur le terrain : c'est l'objet du IVᵉ livre. Abatage et façonnage, outils à employer, y sont successivement passés en revue. « Le choix de la saison d'abatage n'offre guère qu'un intérêt théorique. En pratique, on exploite les bois quand on peut, c'est-à-dire pendant le chômage des travailleurs des champs. » Plus réel est pour l'exploitant l'intérêt de la coupe et de la découpe des bois jeunes et courts ou des bois vieux et longs dans les taillis, des bûcherons de profession qui se font rares, de l'abatage des arbres à la hache ou à la

scie ou à l'aide de mécanismes divers exposés dans l'ouvrage, du
tronçonnement sur pied et de l'abatage des grands arbres, aussi bien
que du nettoiement du sol, prescrit d'une manière générale. Mais
« cette pratique n'est plus guère admise dans les forêts de coteaux
et de montagnes, et la réserve des buis, épines, arbustes, etc., y est
la plupart du temps impérative. »

L'importance plus ou moins grande des délais d'exploitation est
déduite d'observations relatées et figurées par des graphiques, ainsi que
les redevances dues et estimées dans les différents cas pour les délais
nécessaires. Les dommages causés par les bris de réserves s'évaluent à
l'aide de données empiriques, rapportées par l'auteur. Il relate aussi
les soins imposés aux adjudicataires avant le récolement des coupes, et
qu'on peut parfois simplifier ou réduire. L'article se termine par des
documents statistiques sur les frais d'abatage des taillis et des arbres.

Les outils, serpes, haches françaises et américaines, scies à mains et
passe-partout d'Europe pour feuillus et pour résineux, et d'Amérique,
celles-ci procurant une économie de temps qu'on peut estimer à 35 ou
40 pour 100, sont figurés, étudiés et appréciés, ainsi que l'affûtage et
les instruments qu'il comporte. Les outils à fendre ou à ébrancher, les
marteaux à numéroter, les sappies, crochets, griffes, chaînes, glis-
sières, crics et autres outils à mouvoir les bois sont également figurés,
décrits et analysés, avec prix et adresses des fournisseurs. Enfin les
appareils à dessoucher et l'emploi de la poudre et de la dynamite pour
éclater les souches ferment cette étude, qui fournit les prix courants,
de bonnes données et d'utiles comparaisons avec ce qui se fait ici et là
sur le terrain des exploitations.

— Les bois abattus, en grume ou préparés, ou débités, et même
extraits de la forêt, il faut les rendre à la portée du consommateur,
les transporter, et souvent à grande distance. Ces transports, si longs
et si onéreux pour les bois, sont étudiés à fond dans le dernier livre,
qui à lui seul est un véritable traité, occupant 180 pages.

Après un exposé et un graphique des formules permettant de cal-
culer la distance accessible aux produits forestiers dans les différents
cas, vient l'étude des divers modes de transport. C'est d'abord le
transport sur essieux avec les données à l'appui, les figures du matériel
roulant utilisable pour bois de chauffage et pour grumes, et d'excellents renseignements pratiques, puis le paillage des chemins dans
les sables — les roulis de branchages dans les plaines humides, — le
bâchonnage dans les montagnes gréseuses, — le transport sur rouleaux
pour très grosses pièces.

C'est ensuite le flottage des planches, des grumes, des bûches, avec les précautions à prendre et les frais à supporter ; puis le schlittage avec les différentes schlittes (traineaux) usitées dans les montagnes des Vosges, des Alpes et des pays allemands, ainsi que l'établissement des chemins de schlitte avec ou sans ravetons (bûches-traverses).

Un chapitre est affecté aux couloirs et drayes usités en montagnes et aux *rieses* ou glissoirs, qui rendent de grands services dans le Tyrol. Les rieses, de terre ou à eau, permettent la dévestiture de hautes forêts, autrement impossible. Ce sont souvent de grands travaux, dont on trouve ici la description, les devis et la discussion. « Elles offrent la possibilité de conduire les bois avec le minimum de main-d'œuvre du sommet des plus hautes montagnes jusqu'au fond des plus basses vallées » Nous avons vu dans les Carpathes de Moldavie des rieses à eau, figurées pages 366 et 367, portant à frais minimes, presque nuls, les bois de la forêt vierge de Tarcau d'abord à la scierie, puis sur un trajet de 10 à 12 kilomètres à la rivière de la Bistritza, d'où le flottage les descend au Danube à Galatz. « Inconnus en France, les chemins de riese rendraient d'immenses services dans les Alpes, les Pyrénées et les principaux massifs montagneux de l'Algérie. »

Le téléférage ou transport par câbles « s'opère dans les Alpes suisses et autrichiennes, depuis plus de trente ans, avec un succès toujours croissant, partout où l'installation de chemins est impossible ou trop onéreuse. En 1895, le seul canton du Tessin avait déjà près de 165 kilomètres de câbles porteurs. » M. Mathey les décrit, les montre dans d'excellentes figures, en expose l'établissement, les devis, les prix, toutes les données et l'adresse des fournisseurs, en y joignant l'analyse du problème, des exemples comme celui de Birkenthal, près Brienz, que chacun peut facilement visiter, et enfin l'appréciation de ce moyen de transport. « On ne saurait le plus souvent remplacer 1 kilomètre de câble que par 6 ou 7 kilomètres de route : la dépense sera donc deux ou trois fois plus forte pour créer un mauvais chemin que pour installer un bon câble. De plus, les frais inhérents au transport même seront singulièrement plus élevés avec des voitures qu'avec des câbles.... En ce qui concerne particulièrement l'Algérie, des installations téléfériques rudimentaires permettront de résoudre économiquement tous les problèmes relatifs au transport des liéges et des charbons. »

Les porteurs sur rails en bois (usités en Suisse) ou en fer (Decauville), les plans inclinés automoteurs et enfin les monorails américains font l'objet d'un autre grand chapitre, 42 pages, dont les figures occupent plus d'un tiers. Les descriptions, la reproduction imagée, les devis, l'analyse, le jugement des procédés, mettent le lecteur à même de comprendre, d'apprécier et de faire emploi de chacun d'eux dans le cas où il convient, notamment dans les pays neufs et les colonies, où les routes et voies ferrées font défaut. Les Decauville et les plans inclinés sont très usités en dehors des forêts et même déjà en certaines forêts. Le monorail en bois, peu coûteux, « peut rendre des services dans les jeunes peuplements résineux à éclaircir et dans des forêts escarpées. M. P. de Coulon en a établi un à très bon compte dans la forêt de la ville de Neuchâtel Suisse). » On peut se demander pourquoi le monorail portatif en fer de la Compagnie Caillet, 39, rue Lafayette, n'est pas relaté ici. En France, nous sommes quelque peu en retard dans l'emploi des procédés mécaniques de transport des bois ; c'est peut-être que nous avons de trop bonnes routes. Cependant il est encore beaucoup de forêts où la traite est difficile et onéreuse.

Le dernier chapitre du volume étudie les transports par canaux et chemins de fer. Ici ce sont surtout les prix du transport qui permettent ou refusent l'emploi. Ils sont analysés avec détails, ainsi que les formalités, délais, chargement, déchargement, etc. Les frais, déduits des tarifs spéciaux et autres, parfois difficiles à interpréter, peuvent être discutés par les *Agences de détaxe* établies un peu partout. Des extraits des tarifs appliqués aux bois par chacune de nos grandes Compagnies de chemins de fer sont relatés à la fin de cette étude, que l'auteur termine en demandant l'unification des tarifs. « N'est-il pas surprenant de voir un wagon étranger forcer facilement la frontière et conserver sur notre sol national sa vitesse acquise, alors qu'un wagon français, en changeant de réseau, non seulement est soumis à la nouvelle tarification du réseau qu'il emprunte, mais doit encore subir la taxation ascendante des tarifs, comme s'il venait de se mettre en marche ? Au commerce et aux propriétaires de bois de s'unir pour faire cesser un état de choses si préjudiciable à leurs intérêts. « Aide-toi, le ciel t'aidera, » a dit notre grand fabuliste, maître des eaux et forêts.

— Écrit aussi par un maître des eaux et forêts, le livre de M. Mathey renferme une étonnante masse de faits très simplement exposés. De même que les marchands et les industriels, les propriétaires de bois et les administrateurs de forêts y puiseront une forte somme de connaissances utiles. Il n'est pas un chapitre de ce volume qui n'offre une conclusion, déduite ou apparente, d'un intérêt réel pour la forêt. Cela m'a frappé dès la première lecture de cet indispensable ouvrage,

Par les services de tous genres qu'il est appelé à rendre, il contribuera donc au développement de la richesse du beau pays de France, en même temps qu'il fera grand honneur à son auteur.

Une personne clairvoyante, à qui j'ai soumis cette notice, a trouvé qu'elle est trop froide et ne fait pas un assez bel éloge. Je le pense aussi : les lecteurs du *Traité d'exploitation commerciale des bois* seront sûrement du même avis.

BESANÇON. — IMPRIMERIE JACQUIN.